DIESES NOTIZBUCH GEHÖRT:

_____

_____

_____

INHALT

THEMA	SEITE
. . . .	
. . . .	
. . . .	
. . . .	
. . . .	
. . . .	
. . . .	
. . . .	
. . . .	
. . . .	
. . . .	
. . . .	
. . . .	
. . . .	
. . . .	
. . . .	
. . . .	
. . . .	
. . . .	
. . . .	

INHALT

THEMA   **SEITE**

....

....

....

....

....

....

....

....

....

....

....

....

....

....

....

....

....

....

....

....

....

4

6

8

Impressum:

EVE Group
Johannesstr. 19
99084 Erfurt

books@eve-group.de